Hansini

Ishk, Mushk aur Zindegi

Kanak Mukherjee

BookLeaf Publishing
India | USA | UK

Made with ❤ on the BookLeaf Publishing Platform
www.bookleafpub.in
www.bookleafpub.com

Dedication

"Conceived in the journey through the pastures of early adulthood- For all who gave courage in moments of times and illuminated my heart and soul along the way."

This dedication honors the spirit of Shero Shayari - strength, resilience, and power of words to uplift my inner spirits and gratitude to my "**Hansini**" for all the encouragements.

Special thanks to all; especially Bookleaf, who gave my memories its wings, and fragrance to life (**Ishk, Mushk aur Zindegi**) that inspire this maiden flight of my dreams!

Preface

Poetry has always been a mirror to the soul, capturing emotions, thoughts, and experiences in a rhythmic flow of words.

This collection "**Hansini**" is the fruit of my soul with a journey through the profound realms of growing up years with- Ishk, Mushk aur Zindegi called life. In these pages I invite you to explore the intricate tapestry of emotions and experiences that shape each one of us in realms of life.

Each poem seeks to capture fleeting moments of beauty and depth, inviting reflections and resonance. I welcome you to loose in the flow of the verse of human emotions like the window to our soul, and guiding you through the emotions with each of the poems.

"Hansini"- weaves together moments of passion and reflects what is growing up with **Ishk, Mushk aur Zindegi**, and inviting you to loose yourself and stir the passion within you and which is ever growing. Make your memories which will give you the wings to fly, smile and glide in this eternal space called life!

Acknowledgements

To the voices that came before me- poetry, poets and the league- thank you for stirring the soul which resonated to bring forth my language of Ishk, Mushk aur Zindegi in the form of meri "Hansini".

To those who live with open hearts and show the lights that matter, a quite breath, a shared proverb and the pause in the hustle bustle of lives.

To every unseen soul who finds meaning between these lines- you are why the poetry still matters. And finally, to stillness itself, for making enough room for these words to bloom in every heart. My gratitude is innate in transforming the soul into a rhythmic resonance of music in love!

1. Hansini

Khwaishein unki iss kadr,
ki iltiza jo sataye har pal,
Kurbat e manjil bhi ab
har lamha door lagne lage...
Beimaan aarzoo jo
falak bhar bhi kabhi ruksat ho
Bewajah ilzaam kyun ho
iss bemurawat si waqt ko.

Bikharna ab achha lage,
mann mein aarzu sanjo kar
Har waqt yunn rakkha ho koi,
fikr na ho jaise ab kal ki...
Khud ko paa kar ahsaason
ki basti mein, aye meri Hansini
Dil mein tasavvur sa,
fir kyun ho khata unke joostuju ki!

Izhaar na ho wo ho kyun,
bewajah ye doori inkaar si lage

Rahnuma si jab ho tawazo,
istekbal kayenath bhi to kare...
Jab bayan jaroorat dil ki ho,
to samajhna kusoor unka nehin,
Fir raaston se kyun ho talab
ki manzil ab kiss aur hai!

Khud ko kyun suljhaoon jab
ho sukoon ab ulajhne mein,
Rishton ki narm garmiyon si ho
jab sard hawayein ab...
Jehan mein ankahi rishto ke
nasamjhi jo sang ho to
Beintehan jasbaatein jagaye muskan
labzon pe mere ab bhi!

Zindagi ki raahon mein jab
khud ko mehsoos karoon,
Unn palon se rubaroo aur khud
keh doon, "Yeh mera hai yahan!"
Har ek lamhaan, har zindagi ka
rang jo chhuta ho aasman,
Nazakat jaisi phool chameli ki baalon par,
aur lachke unki kamar!

1. New Poem

2. Raabta

Intezar aur bekarari ke madhosh ye
lamhen mere hridaye ki
Ab majboori hai ki apki ek ahat bhi
hai beilaaz zaroori si,
Ho Raabta mere khwabon ki
udaan jo ye sazda kare...
Rooh mein didare-e-ilm besabr sa ho,
koi itna kareeb ho sake!

Jo tum ho sang to iss mann ki
kyun ho parwaha ab,
Tere hi aarzoo jo ho saanson mein
ab har lamha mera ...
Besabr se hain mere armaan,
liye khwaishon mein tumko,
Jaise aks mein bhi saath saath
aur haathon mein haat rahe!

Keh do unke zulfon se,
ki panah de mujhko yunn

Ki mere sanso ki chahat bhi
mahsoos ho har waqt...
Murawwat mere rooh ki jo,
tapish si har chahat mahak uthe
Jism ki bhini si khushbu jab
mere kareeb aane lage!

Tashakkur rahe har waqt ki hai ye
jindegi tere aur mere darmiyaan..
Ab khamoshi ki ahat bhi hai
aur hai khamosh si thodi siskiyaan!...
Adhura main ya tu bhi to hai,
aur bekarari ki majmiyat bhi,
Kuchh aisi si ki tassavur teri ab
jaroori bhi aur meri mazboori bhi!!!

Tere bina jo ye pal hai zindegi mein,
wo bikhri si hai iss kadar,
Mohabbat ki raahon mein har gam bhi,
na hai chhupi mujhse...
Dil ki talash mein hoon,
beparda sa har chaandni raaton ka silsila,
Tu ho jo mere saath to jaise,
khushbu se hai bhari ab sare armaan.

3. Bekarari

Batein kare ab tanhayian meri,
zubaan bhi befikr sa kyun rahe,
Khamoshi bhi jab sunta ho ye dil,
aur hua ho rubaru khud se...
Zubaan tarasti rahi aur jindegi
aahen bharne lagi sajde ko aapke
Besabr armaan machalne lagi,
yunn do waqt paane ko saath apke!

Ahaton se apki ab bahakta hai ye dil,
jara aur tham kar firse ek bar
Aur ayetram to kar, ki nazron ne aapke
har baar yunn mujhko
Sirf dekha hi nehin, farmaye bhi na jaane
kitne ankahe se alfaaz...
Ki ladkhadaya aur bhi ye mann,
palke jo jhuki aapke humpar!!!

Ilteza ko rangat jo mili aapke saath,
iss bhini si dard ko bhi

Thoda sa intezaar mein,
manzoor hai inn lamhon ki bewafai ab...
Koi jana sa chhehra khwab mein jaisi aksar,
bikhri si julfon ko liye
Bas ab bharta hi jo nehin ye mann,
deedar ko har pal bas aapke!!!

Khud ko sambhalun ya aapko,
apse hi to hai mera wajood
Mujhmein samakar yunn,
apse shikayat ya tassavur hai humko...
Khwaishon mein jaise,
mujhko hi maar dala mere hi waqt ne.
Kya karoon ki zindegi theher jaye ab,
apke saath ye bata do mujhe!

Aur jab chand ki raat ho,
apka saath saare raaz khole,
Pyaar ki khushbu me bhigone,
har gham ko, har dard ko bhule,
Iss khayalon ki galiyon mein jaise,
hum phir se talash lein,
Chandni ki roshni mein,
khud ko aapke saath khud se milayein.

Phir se yun khilte khayalon mein,
saath hum lehrayein jhum kar,

Har subah ke nayi raahon mein,
bas aap ka hi nasha chhaye...
Dil ke raaz khule honton se,
saavan ki boondon ki tarah jo,
Bas ab yeh lab keh de, aap mere hain,
bas iss lamhe ko samaye.

4. Kasak

Tere aur mere darmiyaan bas yunn hi
chalta rahe ye safar
Aagosh mein sarabor, junoon ya nasha koi,
kyun ye besabri meri
Sama le ab har saanso mein ki
karoon khidmat aye zindegi...
Jeene ko ab har pal karta hai mann
khushbu mein tere badan ki!

Aankhon ki gehraiyon se aayein
apki baatein bewajah...
Jaise aangan mein khushiyon ki,
hoti hai baarish ab motiyon sa
Kashmakash se parkhkar, sab kuch
sambhaloon jo mere raqeeb
Aashiqui ki yeh dastaan aao ab
sajayein apke masumiyat ki.

Palchin ye khudgarz zamene se,
kuch lamhein ko churaein

Chaandni raat ho aur aapka haath,
bas ye hansi ki bahar ho...
Dard ki nadiyon ko paar karke,
aashiqui ke sahar mein jaayein.
Saath jo ho mere humnawa,
khud ko hi hum ab bhulayein.

Aarmaan machalte hain ya aarzoo
pighalte hain har pal ab...
Jasbaaton ka bhanwar mein dil
khubsoorat se motiyan dhoondte
Kuchh boondon sa oss jaisi yun hi
ho mann ke sisakte aarzoo...
Kya kahen gili si humari bhi kuchh yaadein
bitayi hui jo hai apke sang!

Jab rooh hai mile batonn se kya,
khamoshi bhi jo bolti hai jab
Apke aur mere darmiyaan;
rab ko tha manzoor jasba ye dil ki...
Aks sa rahti humesha pehla pyar;
na jane kab fir lun janam aye mere dil
Besabr na hona jo milunga main,
har mod par aur har janam mein.

5. Kashish

Aapke aur mere darmiyaan bas yunn hi
chalta rahe ye safar,
Aagosh mein sarabor, junoon hai ya
apka nasha sa besabri meri
Sama le ab har saanso mein ki
karoon khidmat aur ye zindegi
Jeene ko ab har pal karta hai ilteja,
khushbu apke badan ki!

Zubaan tarasti ho jab labzon ke liye to
ye zindegi aahen bharti hai
Apke mizaj ke sajde mere armaan
ab bhi machalte hain...
Khwaishon se mere rishte ko na tutne do,
na armaan ko yun hi rahne do
Ki ek subah to fir hone to de,
apne julfon ko khula hi rahne de

Darr ye lagta hai aksar ki main
aapko itna na paa loon,

Aur jo na pa sakun apko to bichadne
se bhi daroon; kareeb aaoon-
Aur aapke bilkul kareeb, mere humnasheen
jo ho beparda ab...
Mere kasak si aur haya jo hai apki,
bebas ab meri abru bane!

Kya pata par khud ko jalana ab
thandak deti hai rooh ko meri
Ki sama lo ab saanso mein mujhko,
ki murawwat ho har raza ab meri
Jeene ko ab har pal besabr sa,
karta hai mann ki itrr sa sama jaun
Tere badan mein aur har sabab meri ho
tere sang ab, ye khabar ho apko.

Tarsa hoon main har ek pal iss pyar mein,
ki mujhko tere gesuon mein
Khone ko hai, mann ko mere nigahon ki,
ibteda se iss jehan ki ahsaas to hai
Mere khayalon mein basar ho jo iss
beimaan sa mann mera hi gustakh ab
Aur itne pyar ye katil bhi jo ho ab
dawa bhi ye, bas aapki hi istekbal kare.

6. Raqeeb

Beimaan hai nazrein teri,
gustakhi karti hai kitne pyar se
Katil bhi aur dawa bhi hai bas tumhari
har ek jhukti nigahein
Aks ke firaaq mein chehre pehchan ne ko
kya aye dil bejubaan,
Tere rubaru hone ko behak sa
jata hoon har ek pal aur, har baar!

Meri aarzoo tere justjoo ko,
aur bheege ahsason mein bhi...
Ushn sa lage, rooh ko meri agaaz se teri,
ye jism ki naram garmi ab
Ruhani si lage, ki aaj fiza mein nami si
hai mizaj ki aur aitbar hai mujhe,
Ki rubaru jo hua khud se hi
ek bar fir to ye zindegi, zindegi lage.

Kam hai jindegi mein jasbaat
samjhne wale har ada pe ab,

Ki sawara hai fir bhi masoom sa
unn besabr armaano ko...
Thoda sa pyasa hoon aur
bahot hoon akela, apke adaon se
Aur ji lagaya hai humne ab kya karoon,
kya pata ye tujhe.

Aapki suroor hai har waqt kuchh yunn,
sud budh khota hoon
Khudpar liye ilzaam ye phirta hoon
aksar ek bekarari liye...
Apke aankho ne kahi jab to
jubaan ki kyun ho ab jaroorat,
Shabdon ki iss jaddojahad mein
jab khamoshiyan hi bol pade!

Phir raat ki khamoshi mein, wohi ek
chehra tumhara ab mere saath,
Chand se hai har baatein meri,
roshni ke thikane ka hai har vaasta
Mere khwabon ki duniya mein tum,
ek chamakte sitare si ho jo...
Jakar duniya mein tumne mere,
basai ho dil ki duniya jaise ek guldasta.

Dheemi si ye kashish, meri justajoo ki
girah ko iss tarah khole...

Ek pal jo ho sukoon aur poori zindegi ka
karwaan bankar ab hum
Aarzoo ye kaafi hai; jo apke falak se
na dur, na khud itna kareeb...
Mera taqdeer hai ab ye ki ho
na jaye pyar tumse, mere raqeeb.

7. Nazuk

Ada hai ya beintehaan murabbat meri,
ye mahsoos hota hai
Aaksar ye; nazaqat jo apki ya ilm jaise
mere parwadigar ki...
Har dua mein ho shaamil,
mere ahsaason mein ab mere, jaise
Baalon mein jadkar phool chameli ki,
aur kamaria lachak gayi.

Beimaan hai nazrein teri,
gustakhi karti hai kitne pyar se,
Katil bhi aur dawa bhi hai bas
tumhari har ek jhuki nigahein...
Aks ke firaaq mein chehre pehchan ne ko
kya aye dil bejubaan,
Tere rubaru hone ko machalta hoon
har bar aur har ek pal mein.

Meri aarzoo tere justjoo ke
bheege ahsaason mein bhi ushn sa,

Rooh ko tumhari agaaz se ruhani si,
jism ke naram garmi bhi
Sard si lamhon mein aur
tumhare aagosh ki kashish mein teri...
Utra hi nehin kya kare, siskiyan meri
ab bhi khamosh hai, tere liye.

Dil ne dastaq sa diya hai bahot,
na jane kitne andaaz mein,
Ek hi firaaq mein yun bewajah main
dhoondun apne iss jahan ko...
Nehin rakkha tha kuchh dil mein maine
jo apko bhi hai pata aur
Aabroo ne tumhari mujhko kar diya
ab gulam mere hi fitrat mein!

Har pal phir bhi apka hi ab khayal
mere saath kuchh yun hai,
Jaise saji ho khushbuon se phoolon ke
gulshan mein ye rang sare
Aankhein band kar loon, ya phir
khule dil se ye jaan loon main...
Ek hi saans mein apko utar loon
aur har khwabon mein saja loon.

8. Inayat

Apki inayat mujhe, aur ilteza bhi
ab hai aksar gustakh si kuchh yun
Shikayat karoon khud se ya phir
ho jauun fanah, khuda jane kya...
Bikhra sa hoon kuchh iss tarah,
bas simat jaoon tujhme ab jaise
Barsa ho armaanon ka sawan mere
sukhe jivan mein boondon sa.

Firaaq mein mai marasim si har waqt,
takalluf aye dastan kya khub
Khud ko kahan dhoondun kya khabar
ab jab apki deedar huyi...
Pal bhar kho jaoon aagosh mein fir se,
aa iss dil mein ki subah na ho
Ek dusre mein samakar, raat bhar bas
aankho aankho mein kat jaye.

Sili sili si silwatein mausam ki,
gila gila sa afsane apke aur mere

Kyun aag lage hai badan mein
tere jikr se aur khayalon mein,
Roothne ka dil nehi kiya kabhi itna ho
mujhmein kahin samaye huye...
Ki ab fursat hi kahan mere armano ki
galiyaron se aur tumhare liye.

Jaane kab se chhupi hai darde dil ki,
ek nadi kinaron ke pashchim,
Jo beh rahi hai bas aankhon se,
aur labon se chhupte chupaayi...
Mitti ki khushboo mein hai apki
yaadon ka jaadu har waqt, ki jab bhi
Yaad aye aap, honthon pe chhupi si
ek khushnuma mausam si aayi.

Aati hai dhoondkar aur tayyar khud
aur puchoon main raaste khudse...
Hawaon mein jadoo sa khushbu jo apki,
jaise khuda ne hai samayi,
Inn pyaar ki rahon mein, chhalak hi jati hai
har pal armaano ki rahnuma si,
Dhoondta rahta hoon bas apko,
chaand ki uss roshni jo chhuti hai mujhe.

9. Pagalpan

Ishk hai ya koi junoon, paagal sa hai ab
ye mann aur meri ye zindegi
Baaton se ho kaise sukoon,
jab khud ko khokar hua gum fir yun...
Pagalpan sa hai thodi si, jaise khud ko hi
dhoondta ho mera antarman
Behoshi si khudgarzi mein, jaise ho
ansuljha sa befikr koi gumshuda.

Har khushi jo kismat ho humare naam,
yaadgar se unn palon mein
Sapno se sajti rahi ye meri zindagi,
uljhano se door aur kahin...
Yaadon mein bas muskurahat si
koi khilte rahe jaise phool kaliyon se
Apse yunn jo mila mera mann kuchh aise,
har lamha itna apna lage.

Beimaan hai nazron ki ye ada,
gustakhi karti hai kitne pyar se

Katil bhi aur dawa bhi hai bas apki
har jhuki huyi nigahein,
Meri aarzoo tere justjoo jo
bheege ahsaason mein bhi ushn si lage
Rooh ko meri tumhari agaaz se ruhani si,
jism ke naram garmi bhi.

Sardi ke inn palon mein apke
aagosh ki kashish mein utarta hi nehin
Aankho se, dil bekarari ki siskiyon se chalakta
fir bhi khamosh hai...
Har dhadkan mein mere ab,
wafa ki har ahat ke aur apki narm garmi si
Bas apki chahat hai iss jahan mein
kho jaoon sada ke liye apke saath.

Har lamhon ki ek kahani jis mein khudse hi
rubaroo ko tera jo sehar hai,
Tujhse milkar khilte hain har rang jaise
khushboo se bhara koi ho chaman...
Yaadon mein teri baaton ka asar,
raaton mein jaise sitaron sa nav par,
Aur anjaan raahein bhi ab humsafar hain,
jinn mein teri aur meri tassavur hai.

Jaise takrati ho kinaron se beparwa si leharain,
aap ho saath jab mere sang

Dhadkanein gungunati ho jaise bhor ki
shant si shorgul, aur khud ko khokar...
Apke saath guzre har wo pal, khuda ki neymat hai
ye ahsaas jo mere mann ki,
Har more pe milti huyi jaise ho koi junoon,
khushiyon ke iss safar mein.

10. Khumari

Jaise seher ko dekhun main,
apke yaadon mein sajake
Ankhein khuli ho, lekin
khwab bhara ho harpal tujhse...
Dil ki har dhadkan mein,
tujhe mehsoos karun main ki
Iss zindagi mein khushboo se
bhara ho har kahani sirf apki.

Honthon pe apka hi naam ho,
aisa kuchh ab gazab ho jaye,
Jo bhi pal bitaoon ab bas apki
yaad mein khoya rahoon...
Chupke se dekhu apko, jazbaton se
bhara ho har khwaish meri,
Jo ho aap mere saath, toh ye
safar bhi lagne lage asaan.

Har pal thakan bhool kar, aashiqana sa
pal bitaayein hum aur aap,

Jo lamhe hain khaas humesha se,
ab hum dono sajayein usse...
Armaano mein ab bas meri raho,
chalo sonjoye hum sabhi sitare
Iss dil ki nazaron se rubaru hokar,
hum dono humsafar rahe.

Sitaron ki chamak mein, apki hi
baatein hai aye mere saathi,
Aasmano mein jaisi sitaron ki jhalak mile jo,
apki muskurahat ho saathi
Aangan mein khilte phoolon si
kyariyan aur ho apke yaadon ke hi raste
Har khushi ka rang ho saath
humesha jo aap rahe mere khwab mein.

Tere khayalon ki kaliyaan,
mere mann ki ho guldasta ab,
Hawaon mein teri khushboo sa,
bikhra rahe mere har pal mein...
Zindagi mein kitni dafa tujhe
chhune ki khwahish hai mujhko,
Tanhaai mein saath ho to mere har saans
mein apka hi bas nasha ho.

11. Aarzoo

Nazrein jo apki gustakhi karti ye
har pal mujhse kitne pyar se
Katil aur dawa bhi hai ab jo,
tumhari har jhuki huyi nigahein...
Adaaon mein apki jaise chehre mein
samakar ye dil ab bejubaan
Rubaru hone ko dil mera ab
behakne laga jo har ek pal, har baar!

Aarzoo tere justjoo ko bheege se
ahsaason mein bhi ushn sa lage,
Rooh ko meri tumhari agaaz se,
ruhani si jism ke naram garmi bhi
Sard si lamhon mein aur apki
aagosh ki kashish mein mere jaise ki
Utarta hi nehin khumari jo
kya kare khushk sa ab mera ye dil.

Siski bharta fir bhi khamosh hai
meri har dhadkan apke liye,

Ek ahsaas jo kabhi purana na hua
tere aur mere darmiyaan...
Kitne lamhen jo bitaye thhe humne,
na hua ojhal ek bhi wo pal,
Dheere se har ahat par apke,
dhadakta hai ab bhi humara ye mann.

Zubaan jo besabr se, hothn bhi
thhe ankahe se kitne labz sile se,
ek jhalak bas rubaru ko tha
tarasta raha humara pehla pyar.
Rab ko tha manzoor jasba ye dil ka,
aks jaisi apki hai ab bhi mere
Khayalon mein aur rahogi bhi
humesha mera, wohi pehla pyar.

Teri yaadon ka silsila, jaise
chaand ka roshni se milna,
Unn palon ki khaasiyat, dil se
dil tak ka safar hai ab bhi.
Har ek pal, tumhare sath, chura ke
le aayi khushiyo ki khushboo,
Usi khushboo mein kho jana,
hai meri zindagi ki yeh nayi dua.

Koi saawan aise aaye jo
tujhko mujh tak le aaye,

Honthon par dhundla sa
khwab rahe, dil ki tanhai ko khole,
Khushiyon ki kashti chalay,
yeh chahat ki lehron se bharke,
Tujhmein main kho jaoon,
jaise khud ko bhool kar jiyoon!

12. Ahsaas

Armaano mein jo ho tum har waqt, dil mein
aur deedar e tasavuur mein kya khub ho.
Kabhi gum ho to kabhi hai jhalak-e-husn tumhari;
iss jehn ki bekarari mein bhi kya khub ho tum.
Jab kabhi hoti ho tum purnima si, tab chamkte
iss mehfil-e-ishk mein bhi kya khub ho,
Ishk mein saravor kuchh iss tarah, ki teri
har saanso ki garmi mein tere saath kya khub hoon.

Apne aap se puchne ki gustakhi bhi
mat karna tum mere baare mein ki ab
Saanse tumhari ba khuda tumse jhut
bol nehin payegi mere aur tumharre bare mein.
Sachh ko ab chupana kyun, jo ahsaason ko
shabd pirokar labzon mein terre yunn
Guftgu kahan kya ho baatein ab humari
khuda kasam, khud par ye raza kar leta hoon!

Ek katra sa main aur sirf ek jarra sa hoon main ab,
hum dono ke ikrar se jo guldasta bane,

Tum aur main jo hum ho sake isi firaq mein
bas rahta hun gumm mere inn lamho mein!
Kisi waqt ho, ya ho har waqt ye sochta main ki
ab besabri mein bhi khamosh rahta hoon
Aur roothe huye unn lamhon mein bi
intezaar rahta hai tumhari jo tu paas na rahe.

Tere khidmat mein meri adayegi jhuk kar kuchh yunn
bechain hui tere mere darmiyan,
Adab se bas shararat har saanso ki aarzoo bane
tere hi justzoo ki lalakh aye mere yaar,
Ki kabhi khatm na ho meri khwaishein tere liye
meri zindegi mein Rab ke siwaab,
Ki mere sabr ke har lamhon ke kasak mein ummeed ki
koi mehakta sa khwab tumhara rahe.

Kabhi chandni raaton mein teri yaadon se bhare
manzar ki jaise khushboo se kuchh phool
Galion aur sadkon par nikhre hai wo sab boondc
barish ki ho jaise chandni ke kuchh tukde,
Tere bina adhuri ye dastaan hai meri jaan mera ab
ki khud se bhi zyada tu hai, ab mere armaan.
Khwaabon ke rukh se kuchh pal yun hi liye, jis mein
hum aur tum milein khud ko bas samete.

13. Nigahen

Beimaan si nazrein ye apki,
gustakhi karti hai ye kitne pyar se
Katil bhi aur dawa bhi hai bas
tumhari har ek jhukti nigahein
Aks ke firaaq mein chehre
pehchan ne ko kya aye dil bejubaan,
Tere rubaru hone ko behak sa
jata hoon har ek pal aur har baar!

Kam hai jindegi mein jasbaat
samjhne wale har ada pe ab
Sawara hai fir bhi masoom sa
unn besabr armaano ko
Thoda sa pyasa hoon aur
bahot hoon akela, apke adaon se
Ji lagaya hai humne ab,
kya karoon kya pata

Aapki hi suroor hai har waqt
kuchh yunn, sud budh sa khota hai

Khudpar ye ilzaam liye phirta hoon
ek bekarari liye...
Apke aankho ne kahi jab to
jubaan ki kyon ho ab jaroorat,
Shabdon ki iss jaddojahad mein
jab khamoshiyan bol pade!

Chupke se guzar jao, mere
har khwab mein tum yunn
Jiye ja raha hoon ab talak main,
yeh manzil aap hi ki talash mein...
Har ek pal jita hoon ye aarzoo liye
aur aap hi ke yaadon e sahare
Ki meri ye duniya ho ab aap,
aur rahein bhi hai apke hi sahare.

Phir bhi, raat ki khamoshi mein,
bas apka chehra hai mere saath,
Chand se baatein karta ye mann,
rooh se judta hai dil ka har vaasta.
Mere khwabon ki duniya mein ho yunn
jo ek chamakta sa sitara,
Jab bhi muskurati ho, har palchin dil ke
iss sehar mein hai khil sa jaata.

14. Dastaan

Aankhein teri jaise samundar ki gehraiyaan,
yunhi bhatakne lagi
Badri ban ke ye mere jivan mein,
chhayi jo ho tum ambar pe mere
Dharti gili aaj bhi hai aur
hai nami si mera deewanapan...

Udan ab bharne lagi har pal mera,
ada teri yaadon ki khushboo sa
Bhari hoti jahan mein har lamhe
jab lagne laga akela sa jo
Tujhse hi judta ab mere jindegi
ki har lehren hawa ke har jhoke se...

Khud se baatein karti teri
muskurahat ka jadoo ab mujjhse
Aur hai mehfil sa saja sitaron ko
hai sharm timtimate huye
Sharmaati huyi si namkeen ye
adayein ki, ehsaas meri gili si hai...

Chura raha hai saaya tera, ki
guzar jaati hain yeh suhaani raaten
Kya kahoon yeh dil ki dastaan ab,
ki ab bhi teri yaad aaye
Khushbu si bhar jata hai mera har pal,
jaise khushiyon ka rahnuma

Chaand bhi akar mujhse tera
hone ka ahsaas sa jataye
Juda ho kar bhi tum ho mere
saath jivan ke har ek daur mein,
Ankhon mein teri tasveer liye, jeene ko
fir mera ek bar armann kare

Tujhse jo mera aitraam aur jisme rang
teri ho har mehfil mein mere
Har pal teri yaadon mein mere,
saath khushiyan ki hai barish sada
Chupke se guzar jao, kyunki
besabr ab khoj raha ye dil teri basar.

15. Diwanapan

Khushiyon ki iss leher mein,
chalo saath saath behete hain
Pyaar se bhari iss dastan ko,
sab raaston se ab milate hain...
Zindagi ke is rangmanch pe,
tu hi to meri roshni ki ek jahan,
Har palchin mein saath ho tera,
tu hai to hai khwabon ka asmaan.

Guzra har rahon se jo mili ho tum,
jaise patjhar ke baad sawan,
Jaise ho bachpan ki muskurati ho
alharpan aisa tera ab asar hai
Aankhein band karke bhi jo khwaab
tera main dekhun din-bhar
Tujhse juda na ho jaun ye hi dua
meri har waqt, mere rab se...

Ab har mausam irado ko mere
ummeedon se bas ek hi guzarish...

Ki teri yaadon ke saaye mein sabhi
raston se hokar guzre ye jivan.
Silsilon ke safar mein kabhi na roothe
mujhse mere nabh ka chand
Bikhre khwabon se ubhre hausla teri
najuk si nazaqat ke sahare.

Tera saath humesha ab mera jahan,
hai khushiyo ki gili si baarish,
Nigaho se kare sazda jo, aur ho
mere junoon ka ilm tujhko...
Odhkar haya ki chadar, chura le
mujhse mere sare gam,
Har pal khushiyan samete jigar mein
thandak sa tera aur mera prem.

Har ek manzar mein teri hi tasveer
ho meri nazaar aur jehan mein
Jaise dhundhli si ek saya koi
andhero mein bhi de justzoo ko udaan,
Ab khud se khud ko milne ka hai waqt,
aur bekarar hai meri zubaan
Ki izhar mai karoon ki tere hi yaadon ke
saye mein chhaya har armaan!

16. Bekhudi

Mausam ki khushboo mein teri
hansi ki baatein chhupi,
Chandni raaton mein, teri yaadon ki
bechaini hai aur ye bayaan,
Dil ke kone mein leharati si
ek nayi khushiyon ki kashti,

Mere sapno ke samandar mein,
tu hi hai mera naya jahaan.
Har choti si baat mein chhupi
teri mohabbat ki dastaan,
Jaise khushiyon ki meethi khushboo,
bikhra chaand ka jahan,

Iss jahan mein har koi rahe kisi
ki ishk aur mushk mein sada,
Tere saath mein guzaru main
har lamha bas yehi hai meri dua...
Ki ahsason se bhari gagan ke tale
ho ek chota sa humara ye jahan.

Tujhse jo mera aitraam aur jisme
rang teri ho har mehfil mein mere
Har pal teri yaadon mein ho
saath khushiyan ki ho barish sada
Haule se guzar jao yun ki besabr
sa khoj raha ye dil, teri basar.

Sannaton mein bhi teri muskurahat
ek gungunahat si saravor hai
Khushbu bhi teri har mehfil mein
hai chhupi jaise ho chandni bikhri
Duniyan se door bas tu hi to
hai mera har maazrat ab bardasht hai.

Dil ki dhadkanon mein teri baatein hai chhupi,
jaise suraj ki pehli kiran,
Bhor ki roshni si har subah tu muskurati,
ya hai teri khudai ka ek asar
Ankhein band kar lun ki tujhse juda na ho
jaoon iss khwab mein rahu din bhar.

17. Khumari

Khumari mere mann ki, nikharta hai
tumse ab jo rangon ka saavan
Har pal mein tujhko chhuna chahta
hai dil ye mera, ki kahaan ho
Aapse juda hone ka khayal bhi
bhar de ab dard se bezaar jo mujhe,
Kya samajh payogi tum, ya khud hi
zindagi rukkh mod logi mujhse.

Khwaisho ne mera thoda sa kinara jo
kiya, bewajah beabru sa hua
Main hoon to meri khwaishein bhi,
aur kabhi kinaro se rishta joda
Bahte huye armaano ki shaakh si
dariya mein sab kuchh saha maine
Khud ko fir, ek martaba sambhala jo
maine jab ahsaas jagaya apne...

Kyun safar yunn hi bewajah meri,
patwaar bhi sambhala humne

Tujhko main wo sab kuchh doon
jo kabhi jaroorat mujhko thi...
Tujhse wo sab naseeb ho jiski mujhko
humesha thi talaash bhi
Kshan--bhangoor main nehin,
ab mera waqt rahe meri rahguzar.

Teri aur meri kahani se jo, mere liye
ek nayi shuruaat shayad...
Hua main bekarar jab tum mili aur
tumhari nargisi sa yauvan,
Ek manchalte berukhi ka jikr kiya jo,
hua meri tabiyat behaal,
Ahsaason mein teri hi gunjayish
rahegi ab mere iss zindagi mein.

Ummeedein rakhna sambhalkar,
khamiyon ko meri hi darmiaan
Bas ab thodi si panah mile sukoon ka,
tarr jaun main besabri mein
Jab tujhko ho jaroorat meri to mujhko,
mere liye tu hi bas jaroori lage....
Befikri ki har silvaton mein zindegi
maano ek khwaab ab sachha lage.

Itna muflisi mein guzre hain waqt ki,
tera sahara mano marham lage,

Saalon guzara khud ko khokar hi maine
jaroori nehin ab aur kuchh bhi
Jaruri lage jo tu hai bas to kaafi hai
ki tu aur main maano waqt ki yun
Faramoshi si ab mile ho tum to gili si
meri bhini ye ishk aur mushk lage .

18. Qurbat

Ye qurbat hai teri, ya yun ek
jaroorat hai jo kabhi khatm na ho
Bas paas raho mere itni ki
ab chahh hai uss rab se meri...
Tabiyat ko mujhko teri ahsaason ko
tatolte rahe saanso ki garmi
Mere armano ko panahh mile
nargisi si roohani ahsaas mere.

Aks teri mere nigahon se bayan ho,
sharma ke jab teri palke jhuke
Hone lage khisakti si haya teri,
mere agosh mein tere badan ki...
Har jasbaton ko chukar falak ho
asmaanon ki ab machal uthe jab tu
Ye bayan kare ki tujhko bhi ho
aarzoon meri, humpar ibadat kare.

Jab do badan ho ek doosre mein,
bhaari si palkein teri mujhpar

Aitbar kare, ki utar do tum sharam
meri jasbaaton ke tufaan mein
Ki tham jayen hum barbad hokar
ek dusre ki ab jaroorat bane
Aasan raahon mein ab barbaad
ishk mere mushk sa abaad rahe.

Jaise khud se ruksat hokar main
tujhmein hi ho jeene ki har wajah
Mere hi khuda ab mujhpar bepanah
ho mukarar yeh ahsaan kare...
Silvatein shabdo mein bayan ab
motiyon sa, kya kare tu hi bata
Teri khamoshi bhi har waqt mere
labzon ki wajah, ab bewajah bane.

Sab kuchh ji kar dekh jo liya tha
maine aur muddaton se tum mili ho
Do kadam saath to chaal kar,
mere ishk ke khatir iss safar mein
Tere saath ab mere haathon mein
tere haatho mein, antt talak...
Antim daur tak mere nigahon mein
teri, aitbar aur istikbal rahe.

19. Khwab

Jaise seher ko dekhun main,
apke yaadon se sajaa hoon,
Aankhein khuli ho lekin
khwab tujhse hi bhara ho,
Dil ki har dhadkan mein,
tujhe mehsoos karun main,
Iss zindagi mein khushboo
apki, ek kahani si saji ho...

Honthon pe bas apka hi naam
ho, aisi har mukam ab...
Jitne bhi pal bitaoon, apki
yaad mein uljhan na aaye
Chupke se dekhu apko,
jazbaton se bhara ye samaan,
Jo aap ho saath mere, toh ye
safar bhi lage ab asaan.

Dheemi si ye kashish, meri
justajoo ki girah jo khole

Ek pal ko jo sukoon mile
meri poori zindegi sawnre...
Kaafi hai aarzoo jo apke falak se
na dur na khud ke kareeb...
Mera naseeb hai ki kho na jaye
jo paya hai mere raqeeb.

Aur jab tak chandni rahein,
in nigaahon ka jadoo chale,
Har lamha tumhare sang mein,
khushboo ki baarish ho.
Dil ki har dhadkan mein,
sirf tumhara naam se hai gujre
Ye pyaar ki kahani humari,
kitaab mein ab likhte ja rahe.

Jism se paray, khud se juda,
sirf tumhari yaadon ka chhaya,
Jaise sukh ki chadar ho jo
alag se mujhe hai chhupaya.
Tera saath chura kar, ab
khud se manzil tak jana hai,
Haath mein haath dekar, har pal
ka rang ab saath lena hai.

Khusbuon si mehakta har safar,
hansi se roshan hai raaste,

Mann ki dard ko bhulakar bas
teri hi saath ki dastaan khudse
Tere bina adhura sa lagta hai,
jaise gam se rishta na ho koi...
Humsafar tere hi khwahish mein
ab ye zindagi meri abaad rahe.

20. Mausiqui

Bin tere adhura lage ye jivan,
mera har khwabon ka kya
Ho manjar, jaise bina saavan,
khoomari mein bin tere
Aur ho bin badal barsat ki
ye khusk sa mausam...

Har pal tujhse milne ki,
anubhuti ab bhi jo talash hai,
Jaise ho chand ki chakor se
rishta jo aur mujhko sataye
Mere dil ki diwaneapan ki
bhi ho ab tujhpar hi aitbar...

Dil ki gehraiyon mein teri
muskaan ki har lehar sa hai chayi,
Jise chhuu lene ko har pal
bechain hai aksar mera mann
Jaise ho bhor ki roshni mein
nahakar aayi wo pehli kiran...

Chukar tujhe mujhko jaise
raat beeti ho angrai mein mera
Aur lambi si raaton ki khudayi mein
bas tu hi to ab saath hai
Khud se juda hokar, tere hi
saath ab bhool jaun khud ko ab.

Tere bina pal pal hai khaali,
jaise andheron ki ye gehrayi
Har ek saans teri yaadon se bhari,
tu hi to hai meri khudayi...
Khud ko bhoolakar pyar mein ab
ye zindegi mein na ho ruswayi.

Phir se teri aankhon mein
kho jaun raaton ki raahon mein
Mujhmein basa hai tu iss kadar ki
har manzar hai tujh se,
Bhool jaun khud ko, bas teri
yaadon ka ho jahan tujhse judkar.

21. Aitbar

Rahon mein hi guzra ho
jaise har sama mera
Zindegi ki dhoop chaon mein
tha basa ek chota sa aasman
Guzra jo main har uss gali
tujhko samaye ye dil mein
Mere hi saath tha khuda mera
ye hai mera bas aitbar.

Kya ho khushi meri jab
beintehaan pyar ki wo firdaus
Har alam tujhse hi to judi huyi
mere saanso ki ye dorr
Aitbar hai ki khokar bhi fir
paya hoon main ye hausla
Ek baar fir se kuchh kar guzroon
jo ho saath tera mera pyar.

Manjilon ki kise talash hai,
kisko hai intezaar rasookh ka

Tu jo mili to mahak utha
mera jeevan aur ji uttha
Ek bar fir mere sulagte se
har wo armaan, ki kasak bhi
Ab khoomari bane tere
aur mere darmiyaan...

Daastaanen likh doon tujhe,
khushboo bhari raaton mein,
Shor hai dil ka jaise har
dhadkan mein tu hi base...
Ishi tarah guzrein, sath saath
ab ki sama jaaoon main tujhme
Sab kuch bhoola kar aa chalen
uss par jahan ek naya ho jivan.

Tere bina hain khaali ye haseen
lamhein bhi mere liye
Ishq ki silvaton mein tasveer
teri hi hai bas chhupi
Suno jara ki har ek pal main
tera hi to naam loon aur
Iss dil ki har dard ab dawa bani
mili jo mujhko meri "Hansini".

www.ingramcontent.com/pod-product-compliance
Lightning Source LLC
Chambersburg PA
CBHW070648240926
51846CB00003BA/822
* 9 7 8 9 3 7 3 1 4 5 4 5 7 *